Dieser ProfilPASS gehört:

Name

Adresse

Geburtsdatum

Telefon

E-Mail

Der ProfilPASS gehört allein Dir.
Nur mit Deiner Erlaubnis ist er für andere Menschen einsehbar.

Der Profil**PASS** für junge Menschen: Stärken suchen – Stärken finden

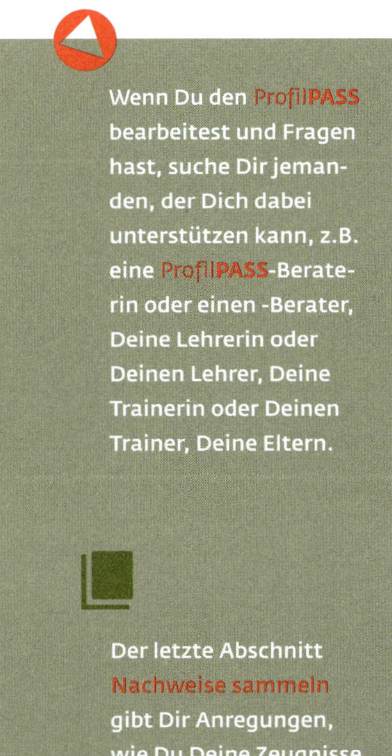

Wenn Du den Profil**PASS** bearbeitest und Fragen hast, suche Dir jemanden, der Dich dabei unterstützen kann, z.B. eine Profil**PASS**-Beraterin oder einen -Berater, Deine Lehrerin oder Deinen Lehrer, Deine Trainerin oder Deinen Trainer, Deine Eltern.

Der letzte Abschnitt Nachweise sammeln gibt Dir Anregungen, wie Du Deine Zeugnisse und andere Nachweise geordnet sammeln kannst.

Der Profil**PASS** zeigt Dir, was Du bisher alles in Deiner Freizeit, mit Deiner Familie und Freunden, in der Schule oder während der Ausbildung getan hast. Er macht Dir auch Deine Interessen deutlich und kann eine Grundlage für Deine weiteren Planungen sein.

Der Profil**PASS** hilft Dir zu erkennen, wo Deine Stärken liegen und was Du schon alles kannst. Denn es gibt viele Möglichkeiten, etwas zu lernen und sich weiterzuentwickeln, nicht nur in der Schule oder der Ausbildung. Wenn Du Dir etwas Zeit nimmst und die Übungen in diesem Profil**PASS** machst, dann wirst Du erkennen:

Du kannst viel mehr, als Du glaubst!

Der Profil**PASS** besteht aus vier Abschnitten:

Gut ist es, wenn Du zwischendurch immer wieder mit Menschen, die Dich gut kennen, über die Übungen sprichst.

Dabei entdeckst Du Schritt für Schritt Deine besonderen Stärken. Bist Du neugierig geworden?

Viel Spaß auf Deiner Entdeckungsreise!

Mein Leben

Unterstütze uns bei der Weiterentwicklung des Profil**PASS**!

Deutsches Institut für Erwachsenenbildung

Leibniz-Zentrum für Lebenslanges Lernen

Liebe Profil**PASS**-Nutzerin, lieber Profil**PASS**-Nutzer,

wir freuen uns sehr, dass Du Dich für den Profil**PASS** interessierst!

Der Profil**PASS** wird vom DIE wissenschaftlich begleitet und weiterentwickelt. Wir wollen wissen, wie Du den Profil**PASS** nutzen willst und bitten Dich daher herzlich, Dir 2–3 Minuten Zeit zu nehmen, um an unserer Umfrage teilzunehmen.

Selbstverständlich ist Deine Teilnahme freiwillig. Die Auswertung der Umfrage erfolgt anonymisiert, Rückschlüsse auf Deine Person sind nicht möglich.

Mit Deiner Teilnahme hast Du die Chance, einen Gutschein im Wert von 30 € zu gewinnen! Viel Glück!

Die Umfrage ist unter folgendem Link aufrufbar:

www.profilpass.de/umfrage

Oder scanne den folgenden QR-Code und leg gleich los:

Vielen Dank für Deine Teilnahme!

Sind Sie Beraterin oder Berater? Dann würden wir uns freuen, wenn Sie ebenfalls an unserer Umfrage teilnehmen:

www.profilpass.de/umfrage

Mein Leben

Schau Dir zuerst Dein Leben etwas näher an!

- Welche Menschen sind für Dich wichtig?
- Wie sieht ein Tag in Deinem Leben aus?
- Was ist bisher in Deinem Leben passiert?
- Hast Du schon praktische Erfahrungen im Arbeitsleben gemacht?
- Was ist Dir zurzeit besonders wichtig?

Beispiel

Menschen in meinem Leben

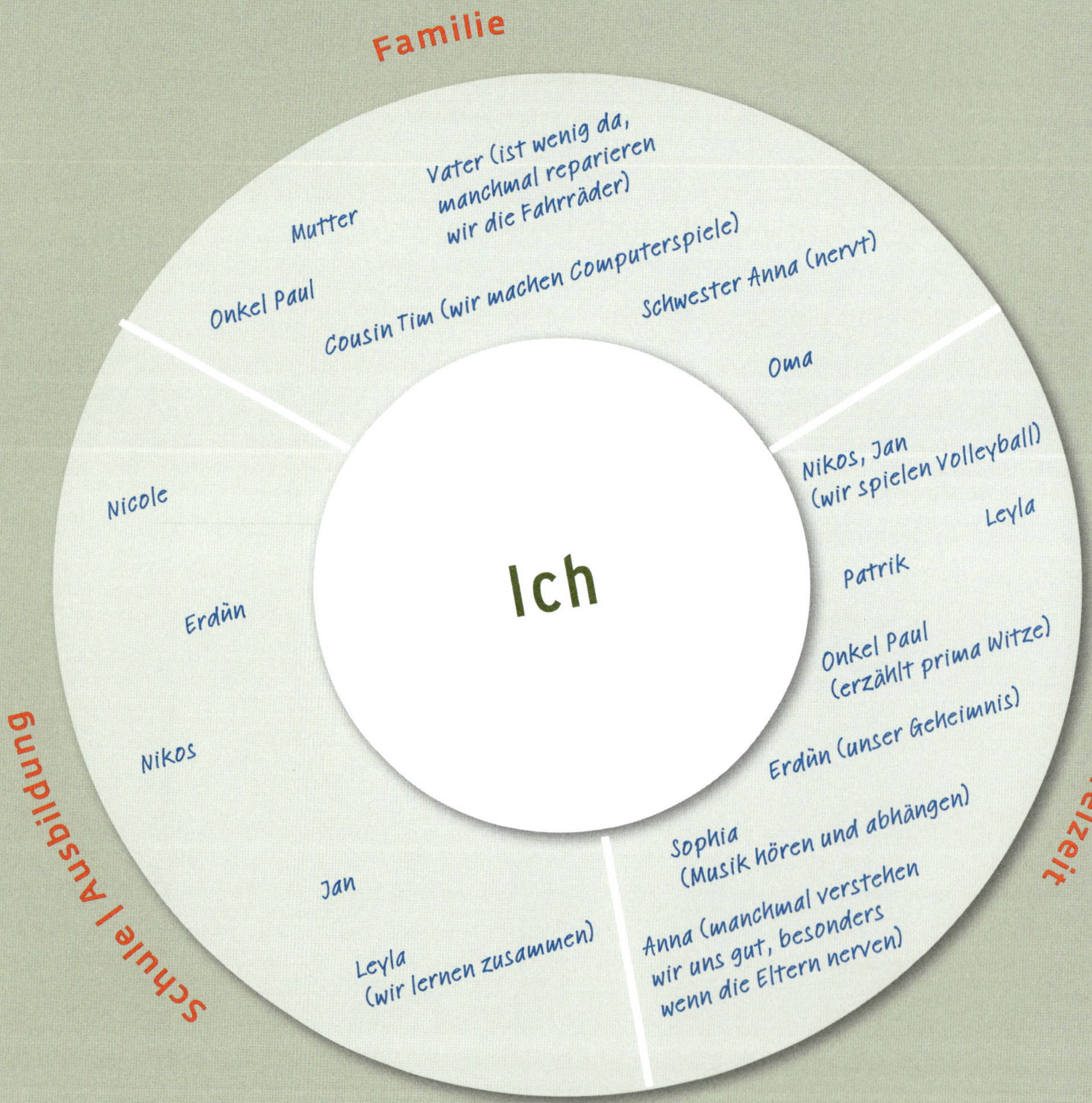

Menschen in meinem Leben

Im Mittelpunkt stehst Du. Wenn Du ein Foto von Dir hast, klebe es in die Mitte. Oder zeichne etwas, was typisch für Dich ist. Zum Beispiel Dich selbst oder einen Fußball, wenn Du immerzu ans Fußballspielen denkst, oder Kopfhörer, wenn du viel Musik hörst, oder ...

Schreibe in die anderen Felder die Menschen, mit denen Du häufig zusammen bist. In der Schule, in der Ausbildung, in der Familie und in der Freizeit.

Und überlege Dir, in welchem Verhältnis Du zu diesen Menschen stehst und was Du mit ihnen machst.

Familie

Ich

Schule / Ausbildung

Freizeit

Beispiel

Ein Tag in meinem Leben

Ort/Situation	Was hast Du getan oder erlebt?	Wer war daran beteiligt?
Zu Hause	Gleich am Morgen war das Bad besetzt, meine	meine Schwester Anna
	Schwester braucht immer Stunden.	
Schulweg	Habe die Straßenbahn verpasst und musste dann zur	
	Schule rennen, damit ich es noch vor dem Klingeln	
	schaffe.	
Schule	Habe mich freiwillig gemeldet, um bei der Organisa-	Lehrer, Leyla, Nikos, andere aus der Klasse
	tion des nächsten Projekttages mitzuhelfen.	
	Englischklausur geschrieben, war nicht so gut.	
Weg nach Hause	Wir sind nach der Schule noch in die Stadt gegangen.	Leyla, Sophia, ich
	Später kamen Patrik und Jan dazu, sind zum Kino	Patrik und Jan
	gegangen, um rauszukriegen, ob es Sonderpreise gibt.	
Zu Hause	Streit mit meiner Schwester, weil ich spät kam.	Anna
Volleyballtraining	Um 4 Uhr hatte ich Training: Die ganze Zeit haben	Jan und Nikos, die anderen Spieler aus
	wir Konditions- und Geschicklichkeitstraining	der Mannschaft, mein Trainer
	gemacht.	
	Haben erfahren, dass wir in 3 Wochen an einem	
	Schulturnier teilnehmen können.	
Zu Hause	Habe schnell ein paar Hausaufgaben gemacht.	
	Habe zusammen mit Anna das Abendessen vorbereitet.	Anna
	Habe noch kurz mit meinem Cousin telefoniert,	Tim
	er hat ein neues Computerspiel gefunden. Ich durfte	
	aber nicht ins Internet.	

Ein Tag in meinem Leben

Wähle Dir einen Tag aus, an den Du Dich gut erinnerst. Egal ob es ein Schul- oder Praktikumstag, ein Tag am Wochenende oder in den Ferien ist.

Denke darüber nach, was an diesem Tag alles passiert ist. Gehe dazu den Tagesablauf in Gedanken durch.

Beginne am besten gleich mit dem Aufstehen.

Schreibe nun alle Orte oder Situationen auf. Schreibe auch auf, was Du getan oder erlebt hast.

Und überlege, welche Personen daran außerdem beteiligt waren.

Wenn Du mehr Platz brauchst, nutze auch die Rückseite.

Ort/Situation	Was hast Du getan oder erlebt?	Wer war daran beteiligt?

Ort/Situation	Was hast Du getan oder erlebt?	Wer war daran beteiligt?

Was ist an diesem Tag für Dich besonders gut gelaufen?

Was hat Dir besonders Spaß gemacht?

Was war an diesem Tag nicht so gut und hätte besser klappen können?

Gestern und heute

Das Leben ist bunt. Manchmal passiert etwas Schönes, manchmal etwas Trauriges.

Manchmal ist es schwierig, an anderen Tagen klappt alles gut. Oder die Schule ist anstrengend, andere Menschen behandeln Dich ungerecht, aber die Freunde halten zu Dir.

Mit den Lebenslinien auf den nächsten Seiten siehst Du, was schon alles in Deinem Leben geschehen ist und wie es Dir dabei ging. Wie viele und welche Lebenslinien Du zeichnest, entscheidest Du selbst.

Erinnere Dich an die wichtigsten Ereignisse in Deinem Leben.

Was war ein schönes Erlebnis?

Woran möchtest Du Dich am liebsten nicht erinnern?

Beispiel

Lebenslinie – Familie

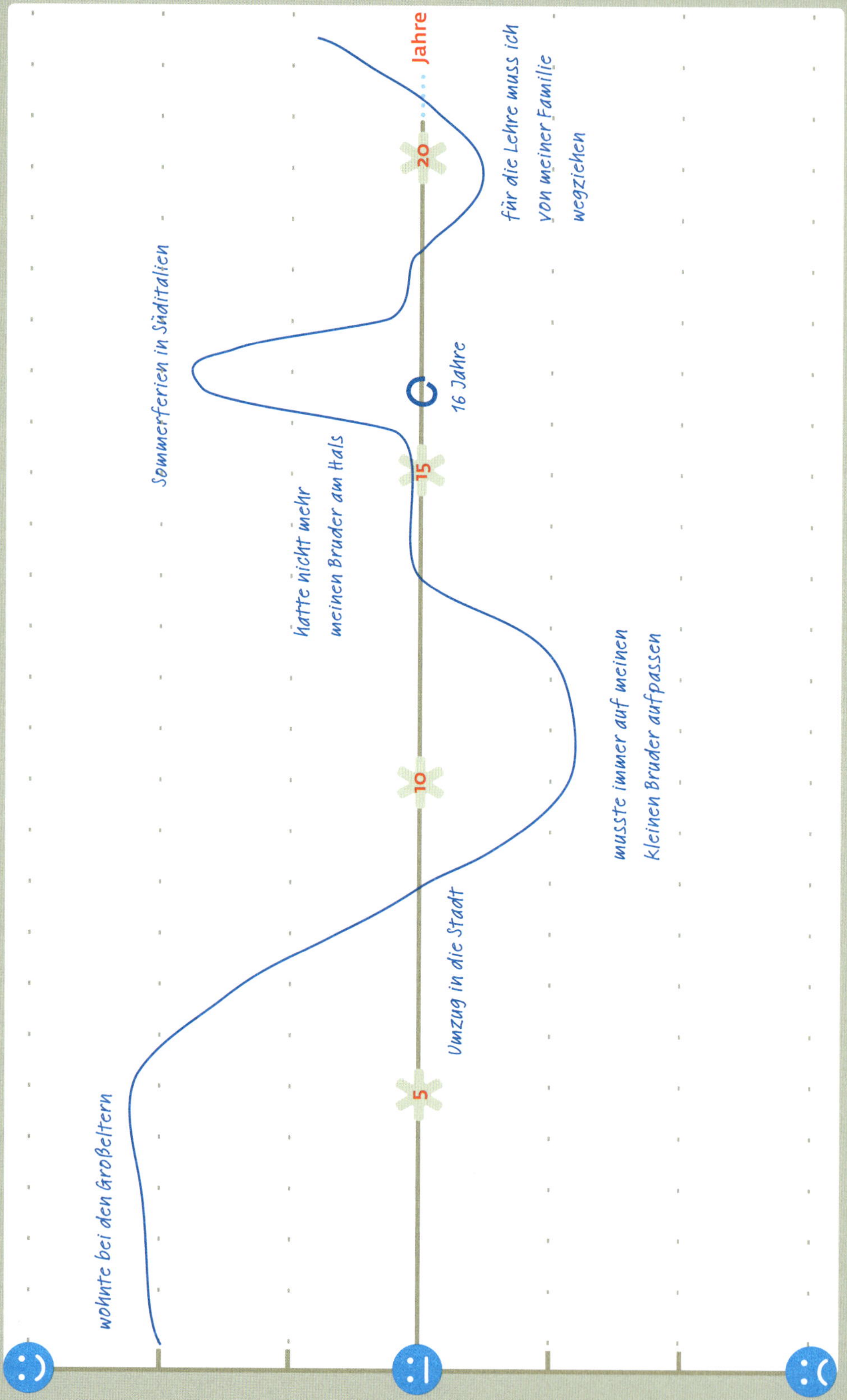

:) :| :(

5 10 15 20 Jahre

wohnte bei den Großeltern

Umzug in die Stadt

musste immer auf meinen kleinen Bruder aufpassen

hatte nicht mehr meinen Bruder am Hals

Sommerferien in Süditalien

16 Jahre

für die Lehre muss ich von meiner Familie wegziehen

Lebenslinie – Familie

Jahre

20

15

10

5

:) :| :(

Male einen Kreis um Dein Alter. Stell Dir dann verschiedene Ereignisse in Deinem Leben mit Deiner Familie vor.

Überlege: Was war wann?

Zeichne dann eine Linie mit den für Dich wichtigen guten und schlechten Momenten von Deiner Kindheit bis jetzt. Es können auch Zeiten sein, die einfach nur o.k. waren – also weder besonders gut noch besonders schlecht.

Wenn Du Träume für die nächsten Jahre hast, kannst Du die Linie auch fortsetzen.

Schreibe die wichtigen Situationen und Ereignisse an die Linie.

Beispiel

Lebenslinie – Freizeit

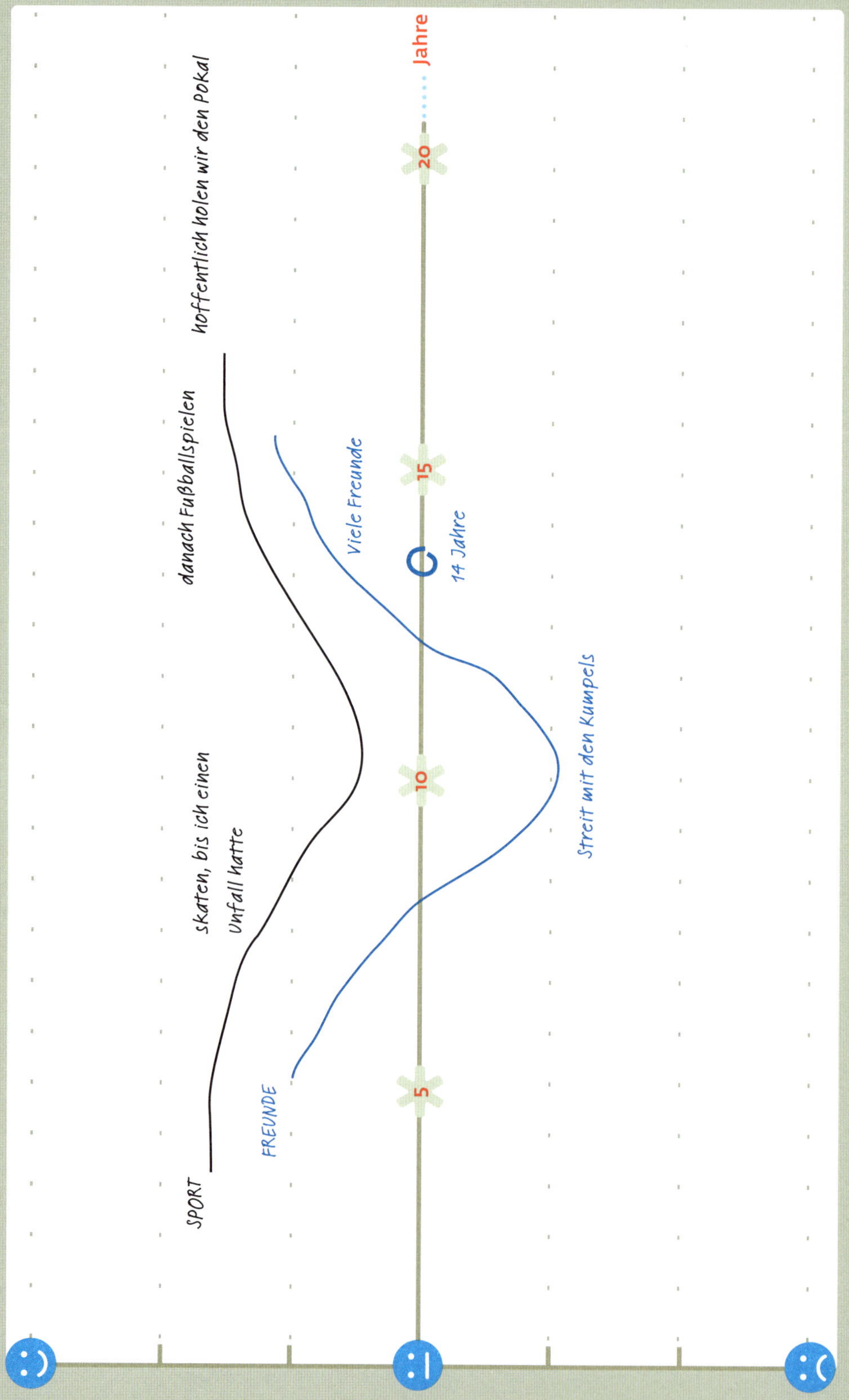

SPORT

skaten, bis ich einen Unfall hatte

danach Fußballspielen

hoffentlich holen wir den Pokal

FREUNDE

Streit mit den Kumpels

14 Jahre

Viele Freunde

5

10

15

20

Jahre

Lebenslinie – Freizeit

Jahre

20

15

10

5

:) :| :(

Male zuerst einen Kreis um Dein Alter. Überlege dann, was Du in Deiner Freizeit schon alles getan hast und was Du heute tust. Gemeint sind Deine Interessen, Hobbys und andere Tätigkeiten in der Freizeit, z.B. Sport, Ehrenamt, Freunde, ...

Überlege: Was war wann?

Zeichne dann eine Linie zu Deiner Freizeit – mit den guten und den schlechten Momenten und solchen, die einfach o.k. waren, früher und jetzt.

Wenn Du verschiedene Dinge in Deiner Freizeit tust, kannst Du auch mehrere Linien zeichnen.

Wenn Du Träume für die nächsten Jahre hast, kannst Du die Linie(n) fortsetzen.

Schreibe die wichtigen Situationen und Ereignisse an die Linie.

Beispiel

Lebenslinie – Schule

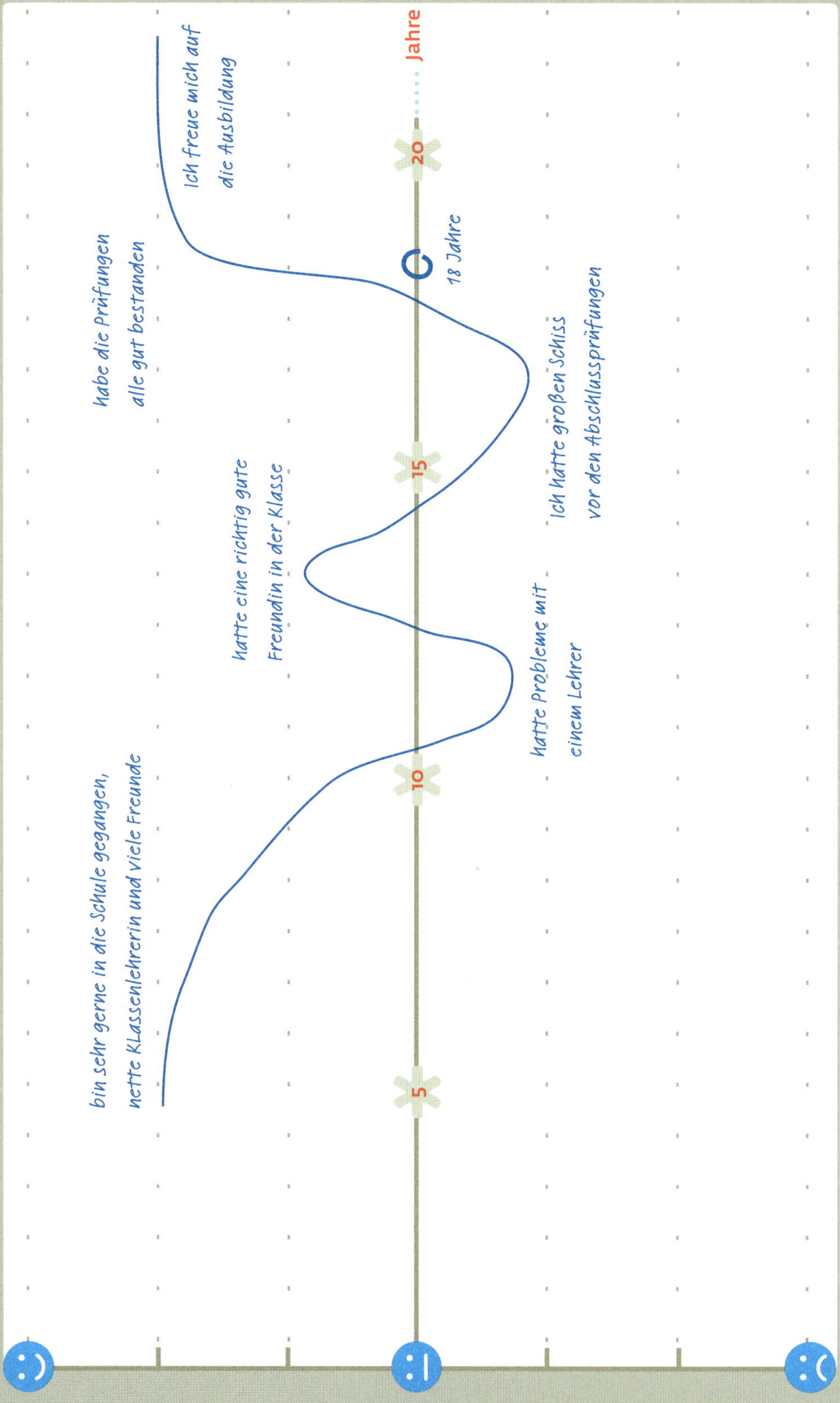

:) :| :(

5

bin sehr gerne in die Schule gegangen, nette Klassenlehrerin und viele Freunde

10

hatte Probleme mit einem Lehrer

hatte eine richtig gute Freundin in der Klasse

15

Ich hatte großen Schiss vor den Abschlussprüfungen

habe die Prüfungen alle gut bestanden

18 Jahre

20

Ich freue mich auf die Ausbildung

Jahre

Lebenslinie – Schule

Jahre

20

15

10

5

:) :| :(

Nun zur Schule: Stell Dir Deine bisherige Schul- und Ausbildungszeit vor.

Überlege: Was war wann?

Zeichne wieder eine Linie mit den guten und den schlechten Momenten und solchen, die einfach o.k. waren.

Schreibe die wichtigen Situationen und Ereignisse an die Linie.

Praktische Erfahrungen in der Arbeitswelt

Jetzt fehlen noch Deine praktischen Erfahrungen im Arbeitsleben.
Beschreibe diese kurz.

Hast Du ein Praktikum gemacht?

Wo?

Von wann bis wann?

Was waren Deine Aufgaben?

Was hat Dir gefallen?

Was hat Dir nicht gefallen?

Wenn Du ein Praktikum absolvierst, bekommst Du ein Praktikumszeugnis oder eine Bescheinigung.

Wie Du diese oder andere Nachweise geordnet aufbewahren kannst, erfährst Du im letzten Abschnitt auf S. 85.

Hast Du noch ein Praktikum gemacht?

Wo?

Von wann bis wann?

Was waren Deine Aufgaben?

Was hat Dir gefallen?

Was hat Dir nicht gefallen?

Hast Du noch ein Praktikum gemacht?

Wo?

Von wann bis wann?

Was waren Deine Aufgaben?

Was hat Dir gefallen?

Was hat Dir nicht gefallen?

Hast Du noch ein Praktikum gemacht?

Wo?

Von wann bis wann?

Was waren Deine Aufgaben?

Was hat Dir gefallen?

Was hat Dir nicht gefallen?

Ausbildung

Machst Du zurzeit eine Ausbildung? ja nein

Wo?

Seit wann?

In welchem Beruf?

Was sind Deine Aufgaben?

Während der Ausbildung bekommst Du Zeugnisse über Deine Leistungen.

Wie Du Deine Zeugnisse oder andere Nachweise geordnet aufbewahren kannst, erfährst Du im letzten Abschnitt auf S. 85.

Was gefällt Dir an Deiner Ausbildung?

Was gefällt Dir nicht an Deiner Ausbildung?

Hast Du früher schon einmal eine Ausbildung gemacht?

 ja  nein

Wo?

Von wann bis wann?

In welchem Beruf?

Was waren Deine Aufgaben?

Was hat Dir an Deiner Ausbildung gefallen?

Was hat Dir an Deiner Ausbildung nicht gefallen?

Während der Ausbildung hast Du sicher ein Zeugnis über Deine Leistungen bekommen.

Wie Du Deine Zeugnisse oder andere Nachweise geordnet aufbewahren kannst, erfährst Du im letzten Abschnitt auf S. 85.

Job/Werkstatt

Hast Du schon einmal gearbeitet? ☐ ja ☐ nein

1. Job/Werkstatt

Wo?

Von wann bis wann?

Was waren Deine Aufgaben?

Was hat Dir daran gefallen?

Was hat Dir nicht daran gefallen?

Wenn Du jobbst oder in einer Werkstatt arbeitest, kannst Du Dir diese Tätigkeit von Deinen Vorgesetzten bestätigen lassen.

Wie Du diese Bescheinigung oder andere Nachweise geordnet aufbewahren kannst, erfährst Du im letzten Abschnitt auf S. 85.

2. Job/Werkstatt

Wo?

Von wann bis wann?

Was waren Deine Aufgaben?

Was hat Dir daran gefallen?

Was hat Dir nicht daran gefallen?

3. Job/Werkstatt

Wo?

Von wann bis wann?

Was waren Deine Aufgaben?

Was hat Dir daran gefallen?

Was hat Dir nicht daran gefallen?

4. Job/Werkstatt

Wo?

Von wann bis wann?

Was waren Deine Aufgaben?

Was hat Dir daran gefallen?

Was hat Dir nicht daran gefallen?

Wenn Du jobbst oder in einer Werkstatt arbeitest, kannst Du Dir diese Tätigkeit von Deinen Vorgesetzten bestätigen lassen.

Wie Du diese Bescheinigungen oder andere Nachweise geordnet aufbewahren kannst, erfährst Du im letzten Abschnitt auf S. 85

Mir ist zurzeit besonders wichtig ...

... was ich in meiner Freizeit tue

ja nein

Wenn ja, was?

... ein bestimmter Traum

ja nein

Wenn ja, welcher?

... die Schule/Ausbildung

ja nein

Wenn ja, warum?

... einzelne Fächer

ja nein

Wenn ja, welche?

Außerdem beschäftigt mich besonders ...

Meine Stärken

Meine Stärken

Vorn hast Du gesehen, wie viel Du an einem einzigen Tag tust.

Überlege Dir jetzt, was Du alles in Deiner Freizeit, in der Schule und im Haushalt tust.

Denn was man häufig und gerne macht, kann man auch!

Was tue ich alles in meiner Freizeit?

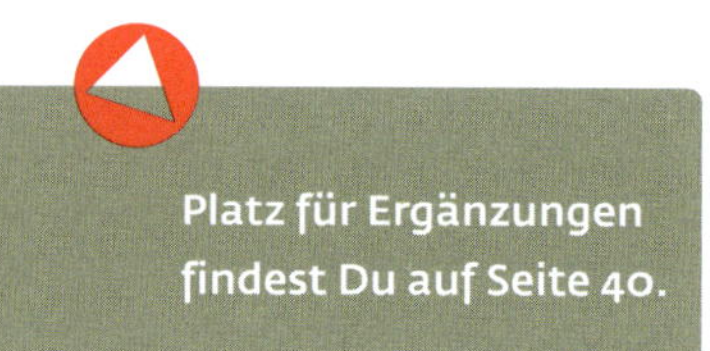
Platz für Ergänzungen findest Du auf Seite 40.

Hier ist eine Liste mit verschiedenen Tätigkeiten, die man in der Freizeit machen kann.

X Kreuze all das an, was Du gerne machst. Wenn Du etwas anderes tust, ergänze es bitte.

Gib auch an, wie oft Du es machst und ob Du es mit anderen zusammen machst.

Sport

Ich mache diesen Sport	gerne	mehr als 1 x in der Woche	1 x in der Woche	1 x im Monat	seltener	mit anderen zusammen
Ich skate (Inliner, Skateboard)						
Ich schaue mir Sportveranstaltungen live an						
Ich spiele Volley-, Hand-, Fußball ...						X
Ich mache Radrennsport, Mountainbiking, Radtouren ...						
Ich fahre Ski						
Ich schwimme						
Ich reite						
Ich turne						
Ich jogge						
Ich gehe ins Fitnessstudio						
Ich mache Kraftsport, Gymnastik oder Yoga						

Ich bin Mitglied in einem Verein ☐ ja ☐ nein

Ich nehme an Wettkämpfen teil ☐ ja ☐ nein

Musik

Ich mache das	gerne	mehr als 1 x in der Woche	1 x in der Woche	1 x im Monat	seltener	mit anderen zusammen
Ich höre Musik						
Ich singe						
Ich spiele ein Musikinstrument						
Ich spiele oder singe in einer Band oder einem Chor						X
Ich mache eigene Musik am Computer						
Ich kopiere Musikstücke und stelle sie neu zusammen						
Ich besuche Konzerte						

Kunst und Handwerk

Ich mache das	gerne	mehr als 1 x in der Woche	1 x in der Woche	1 x im Monat	seltener	mit anderen zusammen
Ich male (zeichne, spraye)						
Ich fotografiere (mit Fotoapparat, DigiCam ...)						
Ich besuche Museen, Theater ...						
Ich spiele Theater						
Ich schreibe (Gedichte, eigener Blog, Geschichten ...)						
Ich mache Zirkus						
Ich drehe (Kurz-)Filme oder erstelle Filmcollagen						
Ich dekoriere						
Ich mache Handarbeiten (Stricken, Nähen, Filzen, Knüpfen)						
Ich bastele, stelle Gegenstände oder Dinge her						
Ich arbeite mit Holz						
Ich arbeite mit Metall						
Ich arbeite mit Stein						
Ich arbeite mit Ton						

Bringst Du Dir das alleine bei? ja nein Oder besuchst Du einen Kurs? ja nein

Wenn ja, welchen?

Computer und Technik

Ich mache das	gerne	mehr als 1 x in der Woche	1 x in der Woche	1 x im Monat	seltener	mit anderen zusammen
Ich spiele Computerspiele						
Ich nutze folgende Anwenderprogramme am Computer						
Textverarbeitung						
Tabellenkalkulation						
Website-Editoren						
Bildbearbeitung						
Videobearbeitung						
Präsentationen						
Ich pflege meine Datenbank (z.B. Musik, Filme)						
Ich surfe im Internet						
Ich chatte						X
Ich nutze soziale Netzwerke im Internet (z.B. Facebook, Twitter)						X
Ich verkaufe übers Internet (z.B. altes Spielzeug)						
Ich zeige anderen, wie sie mit dem PC umgehen müssen						
Ich repariere Computer						
Ich baue Modelle (z.B. Eisenbahn)						
Ich lese technische Zeitschriften, Bücher usw.						
Ich repariere technische Gegenstände (z.B. Fahrrad, Radio)						
Ich kann Werkzeuge nutzen						

Bringst Du Dir das alleine bei? ja nein Oder besuchst Du einen Kurs? ja nein

Wenn ja, welchen? ....

....

Freiwillige Aufgaben

	Ich mache das	gerne	mehr als 1 x in der Woche	1 x in der Woche	1 x im Monat	seltener
Ich mache mit bei ... (z.B. Naturfreunde, Pfadfinder)		☐	☐	☐	☐	☐
Wo?						
Ich bin freiwillige/r Helfer/in. (z.B. Jugendzentrum, Verein, Freiwillige Feuerwehr)		☐	☐	☐	☐	☐
Wo?						
Ich engagiere mich in ... (z.B. Kirche, Politik)		☐	☐	☐	☐	☐
Wo?						
Ich betreue andere Menschen. (z.B. in Ferienfreizeiten, in der Nachbarschaft)		☐	☐	☐	☐	☐
Wen und in welcher Form?						
Ich kümmere mich regelmäßig um jemanden.		☐	☐	☐	☐	☐
Um wen und was tust Du?						
Ich kümmere mich regelmäßig um ein Tier.		☐	☐	☐	☐	☐
Um welches und was tust Du?						
Ich helfe anderen beim Hausbau, bei der Renovierung.		☐	☐	☐	☐	☐
Was tust Du?						

Wenn Du eine Möglichkeit hast, Dir Deine Aktivitäten von einer anderen Person bestätigen zu lassen, nutze diese Gelegenheit. Im letzten Abschnitt des ProfilPASS findest Du eine Musterseite. Das Original zum Ausdrucken findest Du unter du-kannst-mehr.net/nachweis_ehrenamt

Andere Länder, andere Sprachen

- Ich habe Freunde, die aus anderen Ländern kommen.
- Ich habe Familie, die nicht in Deutschland lebt.
- Ich habe außerhalb Deutschlands gelebt.

  Wo? .... Wie alt warst Du da? ....

- Ich war mit einem Schüleraustausch, als Au-pair oder für ein Praktikum im Ausland.

  Wo? ....

  Wie lange? ....

- Ich kann mich verständlich machen, weil ich die Sprache ....

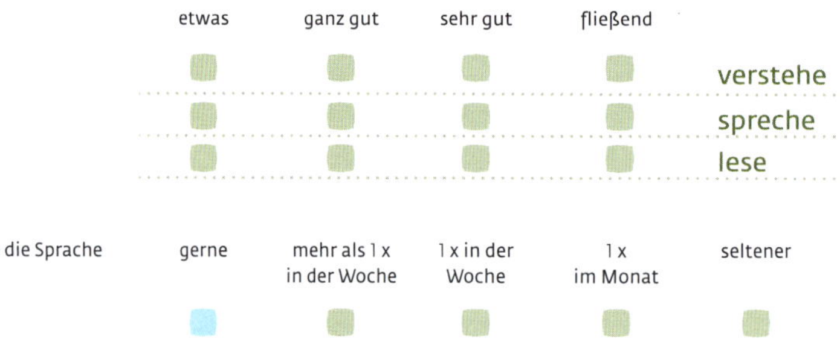

etwas	ganz gut	sehr gut	fließend	
				verstehe
				spreche
				lese

Ich spreche die Sprache	gerne	mehr als 1 x in der Woche	1 x in der Woche	1 x im Monat	seltener

- Außerdem kann ich die Sprache ....

etwas	ganz gut	sehr gut	fließend	
				verstehe
				spreche
				lese

Ich spreche die Sprache	gerne	mehr als 1 x in der Woche	1 x in der Woche	1 x im Monat	seltener

- Außerdem kann ich noch die Sprache ....

etwas	ganz gut	sehr gut	fließend	
				verstehe
				spreche
				lese

Ich spreche die Sprache	gerne	mehr als 1 x in der Woche	1 x in der Woche	1 x im Monat	seltener

- Ich lese Bücher in einer Fremdsprache.
- Ich sehe Filme in einer Fremdsprache.
- Ich übersetze für andere.

Freunde treffen, mit der Familie was unternehmen

	Ich mache das gerne	mehr als 1 x in der Woche	1 x in der Woche	1 x im Monat	seltener
Ich treffe meine Freunde/Freundinnen regelmäßig					
Ich mache regelmäßig etwas mit der Familie					
Wir hören zusammen Musik					
Wir treiben zusammen Sport					
Wir gucken uns zusammen Filme an (z.B. Kino, DVD)					
Wir tauschen Musik oder Bilder übers Handy aus					
Wir schreiben uns SMS					
Wir reden					
Wir tauschen uns in sozialen Netzwerken aus (z.B. Facebook, Twitter)					
Wir gehen shoppen					
Wir treffen uns draußen, gehen spazieren					
Wir gehen zusammen Tanzen, ins Jugendzentrum usw.					
Wir helfen uns gegenseitig bei Problemen					
Wir verreisen gemeinsam					

Welche Rolle hast Du meistens in der Clique?

- Ich bringe Ideen für die Freizeit ein.
- Ich veranstalte Chaos.
- Ich sorge für den Zusammenhalt.
- Ich bringe die anderen zum Lachen.

Überlege Dir, wie Du zeigen kannst, was Du alles tust. Gibt es Fotos, die zeigen, was Du in Deiner Freizeit machst? Hast Du eine Urkunde oder Medaille bekommen? Gibt es andere Belege oder Nachweise?

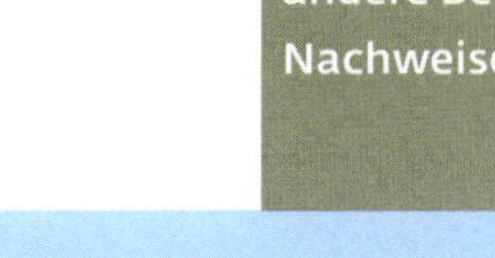

Was mache ich alles in der Schule oder der Ausbildung?

In der Schule oder der Ausbildung lernst Du nicht nur in den verschiedenen Fächern. Du triffst auch andere Menschen und musst mit ihnen umgehen. Du nimmst an zusätzlichen Aktivitäten teil oder übernimmst eine besondere Aufgabe. Hier ist eine Liste mit verschiedenen Tätigkeiten, die man neben der Schule oder der Ausbildung machen kann.

X Kreuze wieder an, was Du gerne und wie oft Du das machst.
Wenn Du etwas anderes tust, ergänze es bitte.

Schule/Ausbildung Ich mache das	gerne	mehr als 1 x in der Woche	1 x in der Woche	1 x im Monat	seltener
Ich organisiere meine Aufgaben allein	☐	☐	☐	☐	☐
Ich lerne alleine für Prüfungen	☐	☐	☐	☐	☐
Ich lerne mit anderen zusammen	☐	☐	☐	☐	☐
Ich helfe anderen beim Lernen	☐	☐	☐	☐	☐
Ich suche mir Informationen in der Bibliothek	☐	☐	☐	☐	☐
Ich suche mir Informationen im Internet	☐	☐	☐	☐	☐
Ich arbeite selbstständig am Computer	☐	☐	☐	☐	☐
Ich frage andere, wenn ich nicht weiterweiß	☐	☐	☐	☐	☐
Ich nehme Nachhilfe	☐	☐	☐	☐	☐
Ich gebe Nachhilfe	☐	☐	☐	☐	☐
....	☐	☐	☐	☐	☐
....	☐	☐	☐	☐	☐

☐ Ich mache bei zusätzlichen Aktivitäten mit
(z.B. Theater-AG, Sportwettkämpfe, Schulchor, Gewerkschaftsarbeit …)

Welche? ....

....

....

☐ Ich habe eine besondere Aufgabe übernommen
(z.B. Klassensprecher/in, Streitschlichter/in, Jugendvertreter/in im Betrieb …)

Welche? ....

....

....

Wie Du Deine Zeugnisse, Urkunden oder andere Nachweise geordnet aufbewahren kannst, erfährst Du im letzten Abschnitt auf S. 85.

Was mache ich alles im Haushalt?

Zuerst die Frage: Wie lebst Du? Ich lebe …

- in meiner Familie
- in einer anderen Familie
- allein
- in einem Heim
- in einer betreuten Wohnung
- mit meinem Partner/meiner Partnerin
- mit Freunden

Hier ist nun eine Liste mit verschiedenen Tätigkeiten, die man im Haushalt tut.
X Kreuze wieder an, was Du regelmäßig machst. Wenn Du etwas anderes tust, ergänze es bitte.
Und gib bitte auch an, wie oft Du das in etwa machst und ob Du es gerne tust.

Haushalt	Ich mache das	gerne	mehr als 1 x in der Woche	1 x in der Woche	1 x im Monat	seltener
Ich plane Einkäufe und führe sie durch						
Ich verwalte mein Taschengeld, Einkommen usw.						
Ich koche oder backe						
Ich passe auf meine kleinen Geschwister auf						
Ich übernehme Arbeiten im Haushalt						
Ich pflege Pflanzen						
Ich versorge Tiere						
Ich helfe den Nachbarn (z.B. beim Rasenmähen)						
Ich nutze Handwerksgeräte (z.B. Bohrmaschine)						
Ich benutze besondere Haushaltsgeräte (z.B. Nähmaschine)						
Ich wasche und sortiere Wäsche						
Ich putze mein Zimmer						
Ich erledige Sachen, die ich nicht mag						
Ich trenne und entsorge Müll						
Ich gehe für andere zu Ämtern						

Was mache ich sonst noch?

Hier kannst Du ergänzen, was Du sonst noch alles tust.
Gib bitte auch an, ob Du es gerne tust und wie oft Du es in etwa machst.

Ich …	Ich mache das	gerne	mehr als 1 x in der Woche	1 x in der Woche	1 x im Monat	seltener	mit anderen zusammen
		☐	☐	☐	☐	☐	☐
		☐	☐	☐	☐	☐	☐
		☐	☐	☐	☐	☐	☐
		☐	☐	☐	☐	☐	☐
		☐	☐	☐	☐	☐	☐
		☐	☐	☐	☐	☐	☐
		☐	☐	☐	☐	☐	☐
		☐	☐	☐	☐	☐	☐
		☐	☐	☐	☐	☐	☐
		☐	☐	☐	☐	☐	☐
		☐	☐	☐	☐	☐	☐
		☐	☐	☐	☐	☐	☐
		☐	☐	☐	☐	☐	☐
		☐	☐	☐	☐	☐	☐
		☐	☐	☐	☐	☐	☐
		☐	☐	☐	☐	☐	☐
		☐	☐	☐	☐	☐	☐
		☐	☐	☐	☐	☐	☐
		☐	☐	☐	☐	☐	☐
		☐	☐	☐	☐	☐	☐
		☐	☐	☐	☐	☐	☐
		☐	☐	☐	☐	☐	☐

Meine besonderen Stärken

Wirf noch einmal einen Blick auf die letzten Seiten!

War Dir klar, dass Du so viel tust?

Übertrage die Tätigkeiten, die Du gerne machst,
und auch die Tätigkeiten, die Du mindestens 1 x in der Woche tust.

O ....

....

O ....

....

O ....

....

....

....

....

....

....

....

....

....

Du kannst Deine besonderen Stärken schon jetzt in Dein Profil auf Seite 53 übertragen.

X Kennzeichne jetzt das, was Du besonders gut kannst.

Das sind Deine besonderen Fähigkeiten und Stärken!

Meine Eigenschaften

Wie schätze ich mich ein?

Nun geht es um Deine Eigenschaften, also darum, wie Du bist und welche Neigungen Du hast.

Bist Du zum Beispiel eher mutig oder ängstlich, regst Du Dich schnell auf oder bleibst Du eher ruhig?

Lies Dir nun die Liste „Selbsteinschätzung" auf der nächsten Seite durch und überlege, welche dieser Eigenschaften Du hast. Kreuze an, wie sehr sie auf Dich zutreffen.

Vielleicht fallen Dir auch noch andere Eigenschaften ein. Ergänze sie am Ende der Liste.

Wie schätzen mich andere ein?

Es ist auch spannend zu erfahren, wie andere Menschen Dich einschätzen.

Such Dir einen Menschen, dem Du vertraust und der Dich gut kennt. Gib ihm die Seite „Fremdeinschätzung" und bitte ihn anzukreuzen, wie er Dich einschätzt.

Meine Meinung
Selbsteinschätzung

	stimmt	stimmt etwas	stimmt nicht so sehr	stimmt gar nicht
voller Ideen	▢	▢	▢	▢
fleißig	▢	▢	▢	▢
zielstrebig	▢	▢	▢	▢
leicht reizbar	▢	▢	▢	▢
bestimmend	▢	▢	▢	▢
ausdauernd	▢	▢	▢	▢
vorsichtig	▢	▢	▢	▢
ungeduldig	▢	▢	▢	▢
mitfühlend	▢	▢	▢	▢
sorgfältig	▢	▢	▢	▢
höflich	▢	▢	▢	▢
neugierig	▢	▢	▢	▢
selbstbewusst	▢	▢	▢	▢
diszipliniert	▢	▢	▢	▢
tolerant	▢	▢	▢	▢
eigenwillig	▢	▢	▢	▢
gelassen	▢	▢	▢	▢
ungehorsam	▢	▢	▢	▢
zuverlässig	▢	▢	▢	▢
pünktlich	▢	▢	▢	▢
hilfsbereit	▢	▢	▢	▢
handwerklich geschickt	▢	▢	▢	▢
kreativ	▢	▢	▢	▢
verantwortungsbewusst	▢	▢	▢	▢

	stimmt	stimmt etwas	stimmt nicht so sehr	stimmt gar nicht
kritikfähig				
technisch begabt				
humorvoll				
aufmerksam				
ordnungsliebend				
schüchtern				
risikobereit				
willensstark				
korrekt				
kontaktfreudig				
ehrgeizig				
umtriebig				
kompromissbereit				
vielseitig				
diplomatisch				
unentschlossen				
anpassungsfähig				
umständlich				
lebensfroh				
lernfähig				
überzeugend				
aufbrausend				

Eine andere Meinung von ……………………………………

Fremdeinschätzung

	stimmt	stimmt etwas	stimmt nicht so sehr	stimmt gar nicht
voller Ideen				
fleißig				
zielstrebig				
leicht reizbar				
bestimmend				
ausdauernd				
vorsichtig				
ungeduldig				
mitfühlend				
sorgfältig				
höflich				
neugierig				
selbstbewusst				
diszipliniert				
tolerant				
eigenwillig				
gelassen				
ungehorsam				
zuverlässig				
pünktlich				
hilfsbereit				
handwerklich geschickt				
kreativ				
verantwortungsbewusst				

	stimmt	stimmt etwas	stimmt nicht so sehr	stimmt gar nicht
kritikfähig				
technisch begabt				
humorvoll				
aufmerksam				
ordnungsliebend				
schüchtern				
risikobereit				
willensstark				
korrekt				
kontaktfreudig				
ehrgeizig				
umtriebig				
kompromissbereit				
vielseitig				
diplomatisch				
unentschlossen				
anpassungsfähig				
umständlich				
lebensfroh				
lernfähig				
überzeugend				
aufbrausend				

Eine andere Meinung von ....

Fremdeinschätzung

	stimmt	stimmt etwas	stimmt nicht so sehr	stimmt gar nicht
voller Ideen				
fleißig				
zielstrebig				
leicht reizbar				
bestimmend				
ausdauernd				
vorsichtig				
ungeduldig				
mitfühlend				
sorgfältig				
höflich				
neugierig				
selbstbewusst				
diszipliniert				
tolerant				
eigenwillig				
gelassen				
ungehorsam				
zuverlässig				
pünktlich				
hilfsbereit				
handwerklich geschickt				
kreativ				
verantwortungsbewusst				

	stimmt	stimmt etwas	stimmt nicht so sehr	stimmt gar nicht
kritikfähig				
technisch begabt				
humorvoll				
aufmerksam				
ordnungsliebend				
schüchtern				
risikobereit				
willensstark				
korrekt				
kontaktfreudig				
ehrgeizig				
umtriebig				
kompromissbereit				
vielseitig				
diplomatisch				
unentschlossen				
anpassungsfähig				
umständlich				
lebensfroh				
lernfähig				
überzeugend				
aufbrausend				

Wenn Du weitere Personen um eine Einschätzung Deiner Eigenschaften bitten möchtest, findest Du diese Vorlage unter profipass-fuer-junge-menschen.de/download

Meine besonderen Eigenschaften

Vergleicht nun Eure Meinungen! Wenn Ihr nicht die gleiche Meinung habt, findet heraus, warum nicht.

Überlegt zusammen, welche Deine besonderen Eigenschaften sind, und findet Beispiele dafür. Wenn Du sie markierst und dann hier einträgst, siehst Du auf einen Blick:

Deine besonderen Eigenschaften

o ……………………………………………………………………………………

……………………………………………………………………………………

o ……………………………………………………………………………………

……………………………………………………………………………………

o ……………………………………………………………………………………

……………………………………………………………………………………

Du kannst Deine besonderen Eigenschaften auch gleich in Dein Profil auf Seite 53 übertragen.

Mein Profil

Deine **besonderen Stärken** und **Eigenschaften** sind Dein ganz persönliches Profil. Es charakterisiert Dich und zeichnet Dich heute aus.

Sprich mit Menschen, denen Du vertraust und die Dich gut kennen, über Dein Profil. Sehen sie Dich auch so oder haben sie ein anderes Bild von Dir?

Wenn Ihr nicht die gleiche Meinung habt, findet heraus, warum nicht.
Das könnt Ihr machen, indem …

1. zuerst jeder seine Meinung begründet. Wenn Ihr Euch nicht einig werdet, dann …
2. tauscht die Meinungen und begründet noch einmal. Wenn man die Rollen tauscht, versteht man andere Menschen besser.

Falls Du Dein Profil noch nicht ausgefüllt hast, schreibe nun Deine besonderen Stärken außen an den Körper und Deine besonderen Eigenschaften in den Körper.

Im Laufe Deines weiteren Lebens, mit neuen Erfahrungen und allem, was Du dazulernst und kannst, wird sich Dein Profil verändern.
Wenn Du Interesse hast, nimm den ProfilPASS wieder zur Hand und sieh, wie Dein Profil dann ausschaut.

Beispiel

Mein Profil

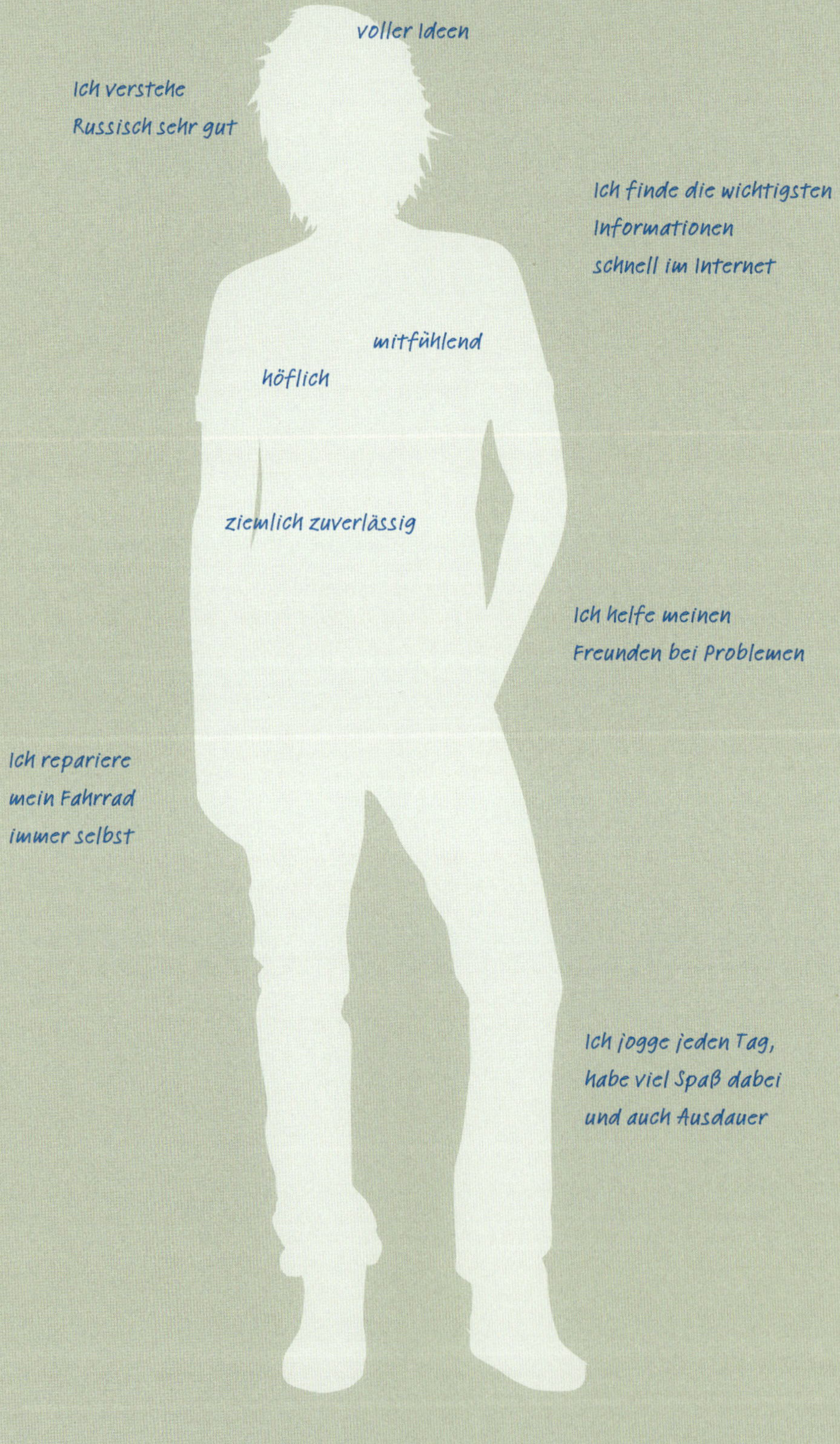

voller Ideen

Ich verstehe
Russisch sehr gut

Ich finde die wichtigsten
Informationen
schnell im Internet

mitfühlend

höflich

ziemlich zuverlässig

Ich helfe meinen
Freunden bei Problemen

Ich repariere
mein Fahrrad
immer selbst

Ich jogge jeden Tag,
habe viel Spaß dabei
und auch Ausdauer

Mein Profil

Hier hast Du Deine besonderen Stärken und Eigenschaften auf einen Blick.

Datum .... Unterschrift ....

Kompetenz-Nachweis

....
Frau/Herr

....
geboren am

....

....

hat den Profil**PASS** für junge Menschen durchgearbeitet und dabei

- das eigene Leben und Handeln reflektiert
- individuelle Fähigkeiten ermittelt
- Stärken sichtbar gemacht und
- persönliche Interessen erfasst

im Zeitraum von .... bis ....

....
Einrichtung (Stempel) | Begleitung (Unterschrift)

Der Profil**PASS** ist ein durch professionelle Beratung unterstütztes Instrument der Selbstexploration und systematischen Erfassung individueller Fähigkeiten und Kompetenzen im Prozess des lebenslangen Lernens. Neben der Sichtbarmachung von Lernprozessen dient er vor allem der individuellen Reflexion im Hinblick auf den privaten und beruflichen Lebensweg.

Das Deutsche Institut für Erwachsenenbildung - Leibniz-Zentrum für Lebenslanges Lernen e. V. ist für die Weiterentwicklung und Evaluierung des Profil**PASS** verantwortlich.

Weitere Informationen finden Sie im Internet unter »www.profilpass-fuer-junge-menschen.de«.

Meine Interessen

Meine Interessen

In den vorherigen Abschnitten hast Du aufgeschrieben, was Du schon alles gemacht hast und kannst und welche Eigenschaften Du hast.

Finde nun heraus, was Dir Spaß macht und Dich interessiert. So kommst Du Deinen aktuellen Wünschen und Zielen etwas näher.

Ich lebe auf einer Insel ...

Stell Dir vor, Du bist mit zwei Freunden oder Freundinnen auf einer Insel. Sonst ist niemand da, und Ihr müsst selbst für Euch sorgen und Euer Leben organisieren.

Welche Aufgaben würdest Du am liebsten übernehmen?

1. ....
2. ....
3. ....
4. ....
5. ....

Ich bin stolz auf …

Überlege, auf welche persönlichen Leistungen Du besonders stolz bist, denn auch das zeichnet Dich aus.

Schreibe sie für die unterschiedlichen Bereiche auf.

Schule

Wissen

Sport

Hobby

Job/Praktikum/Werkstatt

Familie

Freunde

Umgang mit anderen Menschen

Umgang mit Tieren

Umgang mit Technik

Sonstiges

Ich interessiere mich …

Nun geht es darum, Deine Interessen herauszufinden. Sicherlich beschäftigst Du Dich in Deiner Freizeit oder in der Schule mit einigen Dingen mehr als mit anderen.

Überlege Dir kurze Antworten auf die Fragen und schreibe sie auf.

Was machst Du hauptsächlich in Deiner Freizeit?

Was machst Du davon besonders gern?

Beschäftigt Dich ein bestimmtes Thema schon länger? ja nein

Wenn ja, welches?

Hast Du einen Kurs besucht, um etwas dazuzulernen? ja nein

Wenn ja, welchen?

Hast Du Dir schon einmal etwas selbst beigebracht? ja nein

Wenn ja, was?

Übernimmst Du in einer Gruppe besondere Aufgaben, die andere nicht machen? ja nein

Wenn ja, welche?

Sagen Dir andere, Du bist für etwas besonders begabt? ja nein

Wenn ja, wofür?

Ich diskutiere ...

Stell Dir vor, es werden Diskussionen zu verschiedenen Themen angeboten und Du sollst daran teilnehmen.

X Kreuze die Themen an, die Dich besonders interessieren.
Wähle dann die drei wichtigsten aus und nummeriere sie.

- Umwelt und Naturschutz
- Tier- und Pflanzenwelt
- Mode und Trends
- Neue Sporttrends
- Freundschaft, Liebe, Sexualität
- Gesellschaft und Leben heute
- Kultur anderer Länder
- Nachrichten aus aller Welt
- Wirtschaft
- Aktuelle Politik
- Musik
- Kinofilme
- Literatur
- Berühmte Persönlichkeiten
- Witze und Comics
- Geschichte
- Mathematische Denkspiele
- Körper und Gesundheit
- Heimwerken
- Computer, neue Technologien

Ich habe einen Sinn für ...

- Ich tüftele und werkele gern.
- Ich möchte sehen und anfassen, was ich gemacht habe.
- Ich habe viel Kraft und setze sie gern ein.
- Ich freue mich, wenn funktioniert, was ich repariert habe.
- Ich setze meine Ideen gerne praktisch um.
- Es lässt mir keine Ruhe, bis ich hinbekomme, was ich angefangen habe, und es brauchbar ist.
- Der Umgang mit technischen Geräten macht mir Spaß.
- Ich reinige und pflege die Arbeitsgeräte, nachdem ich sie benutzt habe.
- Ich bin gerne in der Natur.
- Es macht mir Freude, mich schön anzuziehen und zurechtzumachen.
- Ich achte darauf, dass meine Umgebung schön und gemütlich ist.
- Ich achte darauf, dass andere sich wohl fühlen.
- Ich schlüpfe gern in andere Rollen und zeige mich damit auch.
- Ich lade gern zu Festen und Partys ein.
- Ich liebe ungewöhnliche Kleidung oder Gegenstände und suche danach.
- Ich koche oder backe gern und es macht mir Spaß, dabei Neues auszuprobieren.

Meine Ziele

Meinen Zielen auf der Spur

Bis hierher hast Du Dich im ProfilPASS mit Deinen besonderen Stärken, Deinen besonderen Eigenschaften und Deinen Interessen beschäftigt. Jetzt gilt es, dass Du Dir Gedanken über Deine zukünftige Entwicklung machst. Denn nur wenn man weiß, was man will, kann man es auch schaffen.

Blicke noch einmal auf Dein Leben und beantworte Dir die Fragen:

Womit bist Du in Deinem Leben zufrieden?

Womit bist Du unzufrieden?

Was möchtest Du gern verändern?

Was willst Du gern können?

Was möchtest Du gern wissen?

Schau Dir Deine Antworten genau an. Sieh Dir auch noch einmal Deine Interessen an. Kannst Du jetzt sagen, was Du zukünftig gerne tun oder erreichen möchtest? Dann schreibe es auf.

Meine Bilanz

Nun hast Du Dich ausführlich mit dem ProfilPASS beschäftigt und bist in der Lage, die folgenden Fragen für Dich zu beantworten. Denke in Ruhe darüber nach und finde für Dich selbst die Antworten.

- **Wer bin ich?**
- **Welche Stärken habe ich? Was kann ich und was weiß ich?**
- **Wo oder in welchen Situationen habe ich gezeigt, was ich kann?**
- **Welche besonderen Eigenschaften habe ich?**
- **Welche Interessen habe ich?**
- **Was wird sich in meinem Leben verändern? Was will ich verändern?**

Mit dem ProfilPASS hast Du herausgefunden, wer Du bist und was Du kannst. Du hast nun allen Grund, selbstbewusst aufzutreten und Dein Leben in die Hand zu nehmen!

Dein Profil kann Dir auch bei Deiner Berufsfindung helfen. Wenn Du Deine besonderen Stärken und Eigenschaften kennst und weißt, wofür Du Dich interessierst, kannst Du Dich viel leichter für einen Beruf entscheiden.

Die Übungen auf den folgenden Seiten helfen Dir, Deinen Berufswünschen auf die Spur zu kommen. Durch einen Vergleich Deines Profils mit den Fähigkeiten, die Du für Deinen Wunschberuf brauchst, bekommst Du eine erste Einschätzung, ob dieser Beruf zu Dir passt.

Meinem Berufswunsch auf der Spur

Sicherlich hast Du schon einmal darüber nachgedacht, was für einen Beruf Du erlernen möchtest oder wo Du später arbeiten möchtest.

Hast Du schon eine oder gar mehrere Ideen?

- ……………………………………………………………………………………………

……………………………………………………………………………………………

- ……………………………………………………………………………………………

……………………………………………………………………………………………

- ……………………………………………………………………………………………

……………………………………………………………………………………………

Berufe in meinem Umfeld

Schau Dich nun in Deinem Umfeld um: Welche Berufe kennst Du aus Deiner Familie, aus der Nachbarschaft oder von Deinen Freunden oder Bekannten?

Schreibe zuerst die Namen von Menschen aus Deinem Umfeld an den Baum.

Überlege dann, welchen Beruf diese Personen in Deinem Umfeld ausüben.

Wenn Du etwas nicht weißt, frage Menschen, die es wissen könnten.

Schreibe dann auch die Berufe zu den jeweiligen Namen.

Beispiel

Berufe in meinem Umfeld

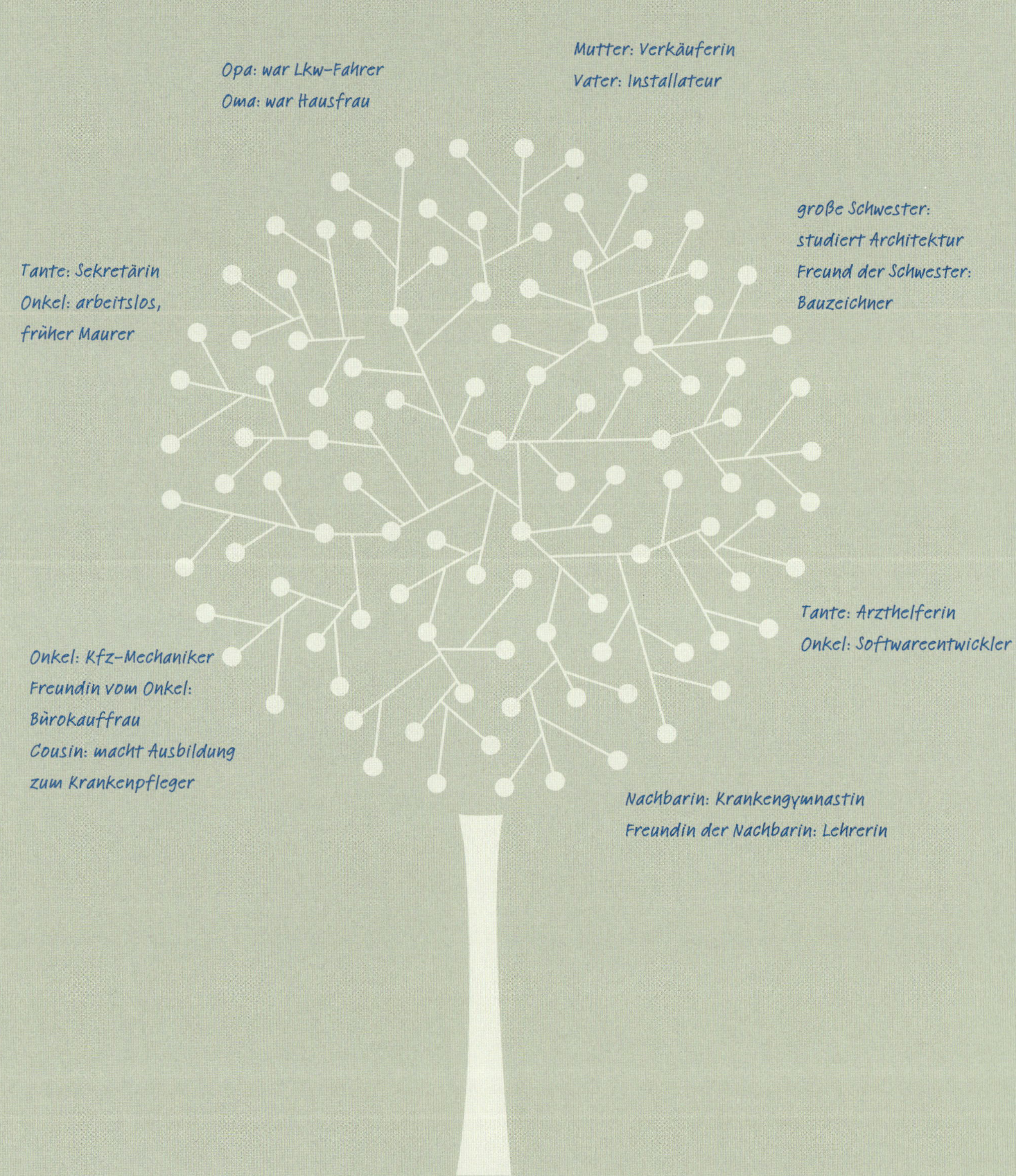

Berufe in meinem Umfeld

Vielleicht ist auch ein Beruf dabei, der Dir Spaß machen würde?

Schreibe ihn auf.

....

Mein Wunschberuf

Manchmal kann es passieren, dass die eigenen Vorstellungen vom Wunschberuf nicht mit dem Berufsalltag übereinstimmen oder der Beruf doch gar nicht zu einem passt.

Um herauszufinden, ob Dein Wunschberuf zu Dir passt, hilft es zu wissen, welche Fähigkeiten und Eigenschaften für diesen Beruf wichtig sind.

Überlege Dir nun, in welchem Beruf Du später arbeiten möchtest.
Schreibe hier Deinen **„Wunschberuf“** auf.

....

Sammle jetzt Informationen zu dem Beruf und trage Sie in die Mindmap auf der nächsten Seite ein. Stelle Dir dazu die Fragen:

Tätigkeiten

1. Was tut man in diesem Beruf?

Fähigkeiten und Eigenschaften

2. Welche Fähigkeiten und Eigenschaften sind für diesen Beruf wichtig?
   - Körperliche Fähigkeiten
   - Geistige Fähigkeiten
   - Soziale Fähigkeiten

Arbeitsplätze

3. Wo kann ich arbeiten?

Fachrichtungen

4. Welche Fachrichtungen und Spezialisierungen sind möglich?

Ähnliche Berufe

5. Welche Berufe sind meinem Wunschberuf ähnlich?

Falls Du einen weiteren Wunschberuf hast, schreibe ihn auf und erstelle eine neue Mindmap.

Wunschberuf 2 ....

Hier findest Du Informationen und Beschreibungen von Berufen

... im Internet:
- → www.beroobi.de
- → http://berufenet.arbeitsagentur.de/berufe
- → www.planet-beruf.de

... in den Veröffentlichungen der Bundesagentur für Arbeit:
- → „Beruf Aktuell. Lexikon der Ausbildungsberufe“
- → „Studien- und Berufswahl“

Diese Informationen helfen Dir auch dann, wenn Du noch keine genauen Berufsvorstellungen hast oder nicht genau weißt, wie der Beruf heißt, der Dich interessiert.

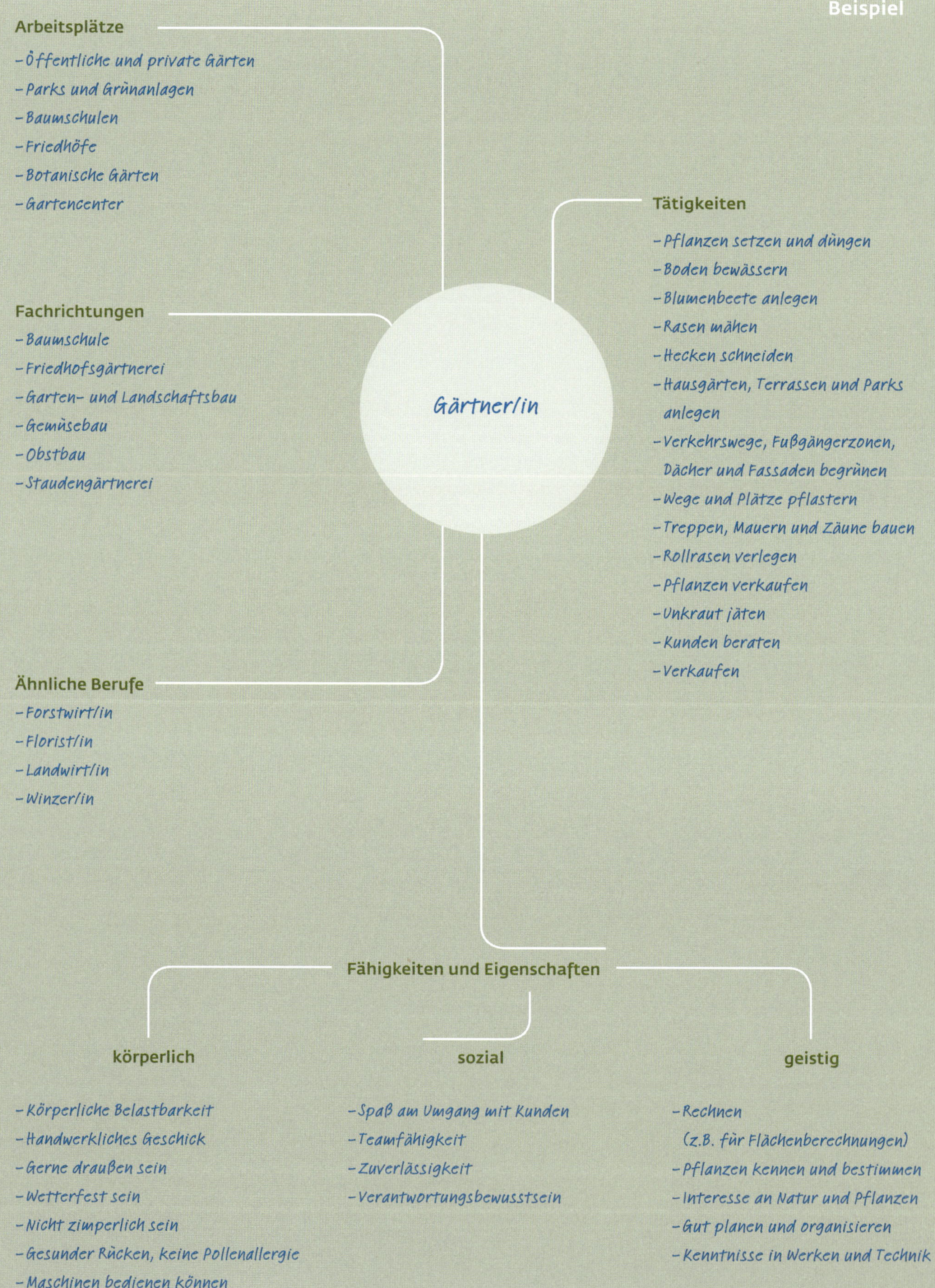
Beispiel
Arbeitsplätze
– Öffentliche und private Gärten
– Parks und Grünanlagen
– Baumschulen
– Friedhöfe
– Botanische Gärten
– Gartencenter
Fachrichtungen
– Baumschule
– Friedhofsgärtnerei
– Garten- und Landschaftsbau
– Gemüsebau
– Obstbau
– Staudengärtnerei
Ähnliche Berufe
– Forstwirt/in
– Florist/in
– Landwirt/in
– Winzer/in
Gärtner/in
Tätigkeiten
– Pflanzen setzen und düngen
– Boden bewässern
– Blumenbeete anlegen
– Rasen mähen
– Hecken schneiden
– Hausgärten, Terrassen und Parks anlegen
– Verkehrswege, Fußgängerzonen, Dächer und Fassaden begrünen
– Wege und Plätze pflastern
– Treppen, Mauern und Zäune bauen
– Rollrasen verlegen
– Pflanzen verkaufen
– Unkraut jäten
– Kunden beraten
– Verkaufen
Fähigkeiten und Eigenschaften
körperlich
– Körperliche Belastbarkeit
– Handwerkliches Geschick
– Gerne draußen sein
– Wetterfest sein
– Nicht zimperlich sein
– Gesunder Rücken, keine Pollenallergie
– Maschinen bedienen können
sozial
– Spaß am Umgang mit Kunden
– Teamfähigkeit
– Zuverlässigkeit
– Verantwortungsbewusstsein
geistig
– Rechnen (z.B. für Flächenberechnungen)
– Pflanzen kennen und bestimmen
– Interesse an Natur und Pflanzen
– Gut planen und organisieren
– Kenntnisse in Werken und Technik

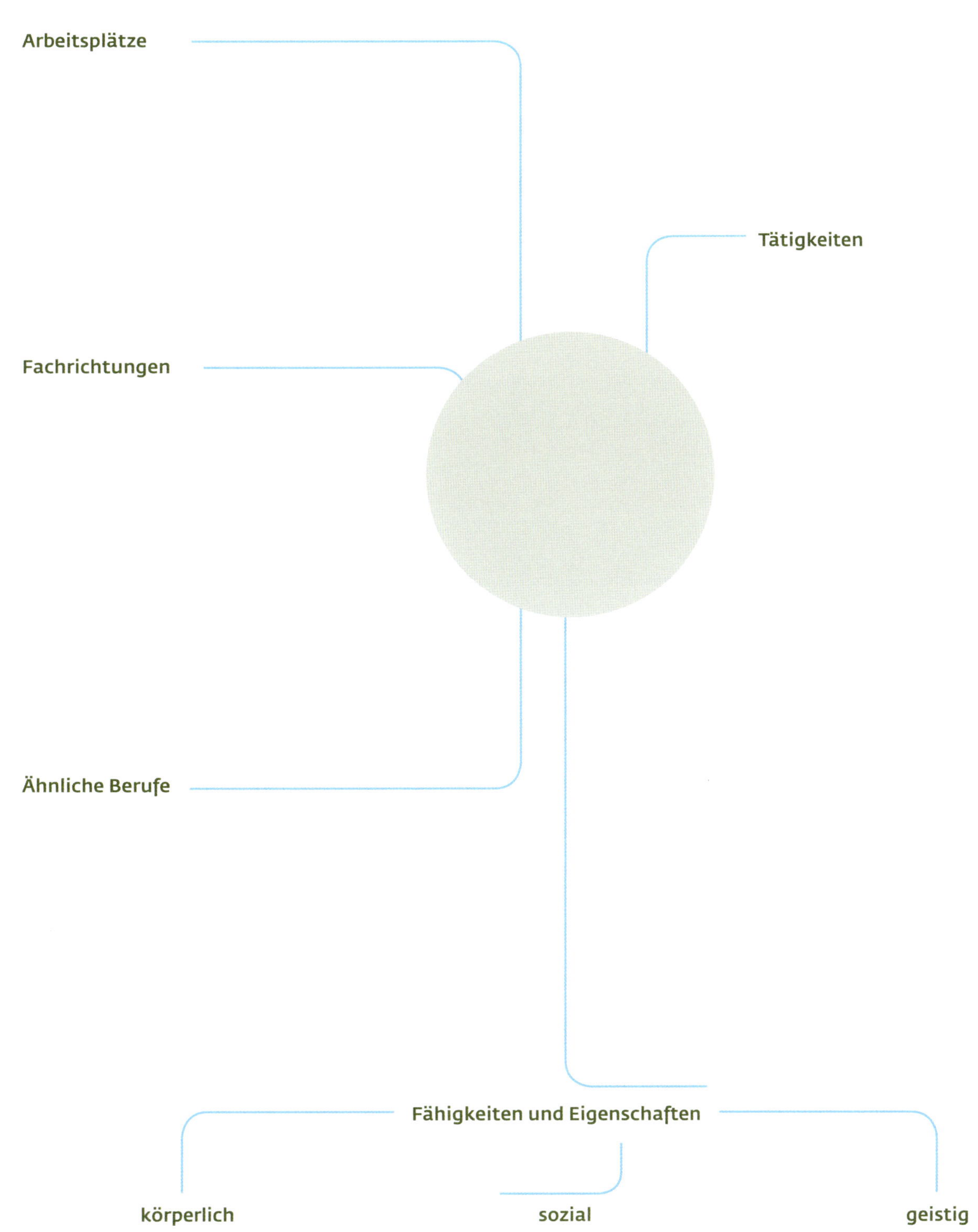

Fähigkeiten und Eigenschaften

körperlich

sozial

geistig

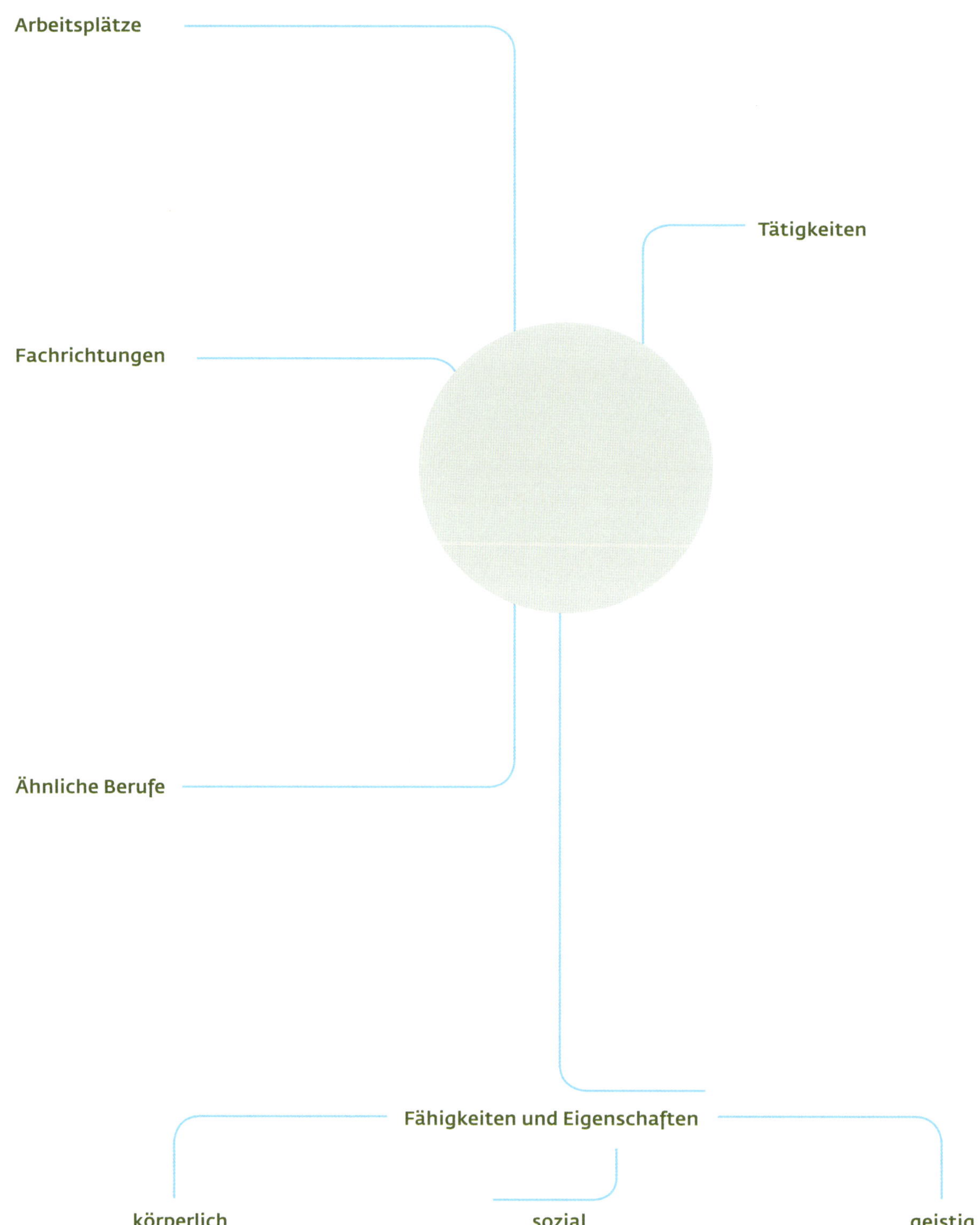
Arbeitsplätze
Tätigkeiten
Fachrichtungen
Ähnliche Berufe
Fähigkeiten und Eigenschaften
körperlich
sozial
geistig

Passt mein Wunschberuf zu mir?

Jetzt hast Du Deinen „Wunschberuf“ näher kennengelernt.
Finde nun heraus, ob dieser Beruf wirklich zu Dir passt.

Nutze dazu die folgenden Fragen:

Gibt es Tätigkeiten in meinem Wunschberuf, die ich schon jetzt gerne und häufig mache?

Sind meine besonderen Stärken und Eigenschaften auch in meinem Wunschberuf wichtig?

Kann ich mir vorstellen, an einem oder sogar an mehreren der möglichen Arbeitsplätze zu arbeiten?

Kommt auch ein ähnlicher Beruf für mich infrage?

Beantworte die Fragen zunächst einmal für Dich selbst.

Sprich dann auch mit anderen Personen (z.B. Profil**PASS**-Berater/in, Freunden, Eltern) über Deine Ergebnisse. Häufig helfen Rückfragen von anderen, dass die eigenen Vorstellungen und Wünsche klarer werden!

Meine Berufsfindung – Schritte in die Praxis

Wenn Du hier angekommen bist, hast Du …

… Dich intensiv mit Deinen Stärken und Eigenschaften beschäftigt.

… über Deine Berufswünsche nachgedacht.

… eine Vorstellung bekommen, welcher Beruf/welche Berufe zu Dir passen könnte/n.

Jetzt hast Du die Vorraussetzungen für die nächsten Schritte Deiner Berufsfindung. Hier sind nun verschiedene Möglichkeiten, wie Du Dich Deinem Berufswunsch weiter annähern kannst. Schau sie Dir an und besprich mit Deinem ProfilPASS-Berater/Deiner ProfilPASS-Beraterin, welchen Schritt Du als Nächstes gehen kannst.

Das möchte ich als Nächstes machen:

- Meinen Wunschberuf in der Praxis kennenlernen durch
  - ein Praktikum,
  - einen Nebenjob,
  - ein freiwilliges Engagement/Ehrenamt.
- Mich im Berufsinformationszentrum (BIZ) der Bundesagentur für Arbeit über die Wege zu meinem Wunschberuf informieren.
- Ein Gespräch mit dem Berufsberatungslehrer an meiner Schule führen.

Wer ich bin und was ich will

Alles, was Du bisher mit dem ProfilPASS herausgefunden hast, gehört Dir.
Du entscheidest selbst, mit wem Du über Deine Erfahrungen sprechen möchtest und auch, ob und wem Du Deine Ergebnisse zeigst.

Für Menschen, die Dich bei Deiner weiteren Berufsfindung unterstützen möchten (z.B. Berufsberater/in, Berufswahllehrer/in), kann es wichtig sein, Deine persönlichen Stärken, Eigenschaften, Interessen und Berufsvorstellungen zu kennen.

Mit der nachfolgenden Seite gibst Du anderen Menschen die Möglichkeit zu erfahren, was Du kannst und was Du willst. Auch hier entscheidest Du wieder selbst, was Du mitteilen möchtest.

Wenn Ihr in der Schule den Berufswahlpass (www.berufswahlpass.de) oder einen anderen Berufswahlordner habt, kannst Du die Ergebnisse aus dem ProfilPASS dort einbringen und diese Seite dort ablegen.

Wer ich bin und was ich will

Name

Schule

Klasse

Mein(e) Wunschberuf(e)

Meine Stärken

Meine Eigenschaften

Datum, Unterschrift

Nachweise sammeln

Mein Leben

Meine Stärken

Meine Interessen

Meine Ziele

Nachweise sammeln

Nachweise sammeln

In diesem Abschnitt erhälst Du Hinweise wie Du Deine Zeugnisse, Nachweise und Urkunden aufbewahren kannst.

Am einfachsten ist es, wenn Du Dir einen Ordner anlegst, in dem Du neben dem ProfilPASS auch sämtliche Nachweise einsortieren kannst.

Zweimal im Jahr erhältst Du ein Zeugnis in der Schule. Auch während der Ausbildung bekommst Du Zeugnisse. Wenn Du an Wettkämpfen, Wettbewerben oder anderen Projekten teilnimmst, bekommst Du häufig eine Urkunde oder eine Teilnahmebescheinigung. Es gibt sicherlich noch andere Belege oder Nachweise, die zeigen, was Du alles getan hast, z.B. Fotos oder Zeitungsberichte.

All diese Nachweise bestätigen Deine Tätigkeiten und Deine Leistungen.

Sie können für eine spätere Bewerbung wichtig sein. Wenn Du diese Nachweise sorgfältig einsortierst, hast Du sie sofort griffbereit.

Am besten sortierst Du Deine Nachweise und ordnest sie so ein:

- Zeugnisse aus der Schule und Ausbildung
- Zeugnisse, Nachweise, Bescheinigungen aus dem Praktikum, der Werkstatt oder dem Job
- Kursbescheinigungen
- Nachweise über die Mitgliedschaft oder Tätigkeiten im Verein
- Urkunden oder Bescheinigungen von Wettkämpfen oder Wettbewerben
- eigene Stärkenfeststellung (z.B. ProfilPASS Kompetenz-Nachweis)
- Anderes

**Denke daran, dass Zeugnisse nicht gelocht werden dürfen.
Sie sind wichtige Dokumente. Stecke sie lieber in eine Klarsichthülle.**

Meine Bewerbungen im Überblick

Für den Überblick, wo Du Dich schon beworben hast und für welche Stelle, nutze diese Übersicht. Hier kannst Du dann auch sehen, welche Antworten noch ausstehen und wo Du nachfragen solltest.

Betrieb oder Einrichtung (Name, Ort, Ansprechpartner, Telefonnummer)

Bewerbungsdatum Nachfragedatum

Bewerbung als

Ergebnis

Betrieb oder Einrichtung (Name, Ort, Ansprechpartner, Telefonnummer)

Bewerbungsdatum Nachfragedatum

Bewerbung als

Ergebnis

Betrieb oder Einrichtung (Name, Ort, Ansprechpartner, Telefonnummer)

Bewerbungsdatum Nachfragedatum

Bewerbung als

Ergebnis

Betrieb oder Einrichtung (Name, Ort, Ansprechpartner, Telefonnummer)

Bewerbungsdatum Nachfragedatum

Bewerbung als

Ergebnis

Betrieb oder Einrichtung (Name, Ort, Ansprechpartner, Telefonnummer)

Bewerbungsdatum Nachfragedatum

Bewerbung als

Ergebnis

Betrieb oder Einrichtung (Name, Ort, Ansprechpartner, Telefonnummer)

Bewerbungsdatum Nachfragedatum

Bewerbung als

Ergebnis

Nachweis über ehrenamtlich, freiwillig und unentgeltlich geleistete Aufgaben

....
Name/Vorname

....
Straße/Nr.

....
PLZ/Ort

....
Telefon/Fax

hat bei uns ehrenamtlich gearbeitet.

....
Aufgabe

....
Zeitraum

Arbeitspensum ☐ Vollzeit ☐ Teilzeit mit ca. .... Stunden pro Woche

☐ Gelegentlicher Einsatz mit ca. .... Tagen | Stunden pro Woche | Monat | Jahr

Tätigkeit(en), Aufgabe(n)

....

....

....

....

....

Institution

....

....

....

....
Ort, Datum, Unterschrift, Stempel

Du findest diesen Nachweis zum Ausfüllen und Ausdrucken unter du-kannst-mehr.net/nachweis_ehrenamt